De la A a la Z con Mozart y la música

MONTAÑA
ENCANTADA

Rafael Cruz-Contarini
Ilustrado por Rafael Salmerón

De la A a la Z con Mozart y la música

EVEREST

A DE **AMADEUS**

WOLFGANG AMADEUS MOZART,
ASÍ SE LLAMÓ ESE GENIO
QUE CON INCREÍBLE INGENIO
NOS REGALÓ MELODÍAS
EN DANZAS Y EN SINFONÍAS,
EN ÓPERAS Y EN CONCIERTOS.

B DE BATUTA

EL DIRECTOR A LA ORQUESTA
LA TIENE QUE DIRIGIR.
LLEVA EL RITMO, MARCA EL TIEMPO
QUE EL MÚSICO HA DE SEGUIR.

EN SU MANO UNA BATUTA.
PARECE UN ESPADACHÍN
BATIÉNDOSE CON LAS NOTAS
QUE VA DEJANDO EL VIOLÍN.

C DE **CONCIERTO**

CON *ALLEGRO MA NON TROPPO*
Y UN *ANDANTE MODERATO*
EL CONCERTISTA VA HUNDIENDO
SUS DEDOS SOBRE EL PIANO.

DESPUÉS DE ESTOS MOVIMIENTOS
VA A INTERPRETAR UN *ADAGIO*,
UNA MÚSICA MÁS LENTA
QUE ES ALEGRE *MA NON* TANTO.

D DE **DANZA**

LA ORQUESTA ESTÁ PREPARADA,
LA MÚSICA VA A COMENZAR,
LA BAILARINA DA UN SALTO
PARA DANZAR Y DANZAR.

SE OYEN LOS PRIMEROS TONOS
DE LA FLAUTA Y DEL VIOLÍN.
EN ESCENA ESTÁ BAILANDO
Y DANZANDO UN BAILARÍN.

E DE **ESCALA**

VOY DE UNA NOTA A OTRA NOTA
HASTA LLEGAR AL FINAL,
O DEL FINAL AL PRINCIPIO
EN ESCALA MUSICAL.

SI COMIENZO POR EL MI
DESPUÉS SABRÁS QUE VA EL FA,
Y SEGUIMOS CON EL SOL
Y A CONTINUACIÓN EL LA…
O SI EMPIEZO POR EL DO
Y AHORA VAMOS PARA ATRÁS,
DEBE DE SONAR EL SI
Y A CONTINUACIÓN EL LA.

F DE **FLAUTA**

LA FLAUTA MÁGICA SUENA.
MOZART NOS VUELVE A ASOMBRAR
CON UNA FLAUTA DE ORO
QUE A LAS FIERAS VA A AMANSAR.

CUANDO EL PRÍNCIPE LA TOCA
SIEMPRE TRIUNFA SOBRE EL MAL.
LA MAGIA ESTÁ EN LA GARGANTA
DE LA SOPRANO AL CANTAR.

G DE **GIOVANNI**

EN ESTA ÓPERA CANTA
UN DON JUAN UN POCO PILLO
QUE EN EL PATIO DE UN CASTILLO
MÁS QUE ENCANTAR, DESENCANTA.

A TODA LA GENTE ENGAÑA
HASTA QUE UNA ESTATUA EN PENA
LO REPRENDE Y LO CONDENA,
LO CASTIGA Y LO REGAÑA.

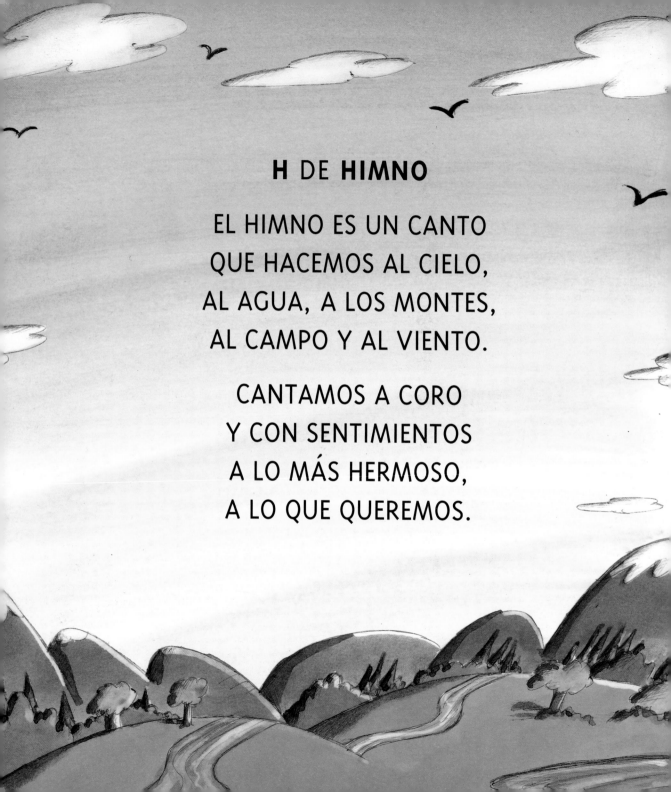

H DE HIMNO

EL HIMNO ES UN CANTO
QUE HACEMOS AL CIELO,
AL AGUA, A LOS MONTES,
AL CAMPO Y AL VIENTO.

CANTAMOS A CORO
Y CON SENTIMIENTOS
A LO MÁS HERMOSO,
A LO QUE QUEREMOS.

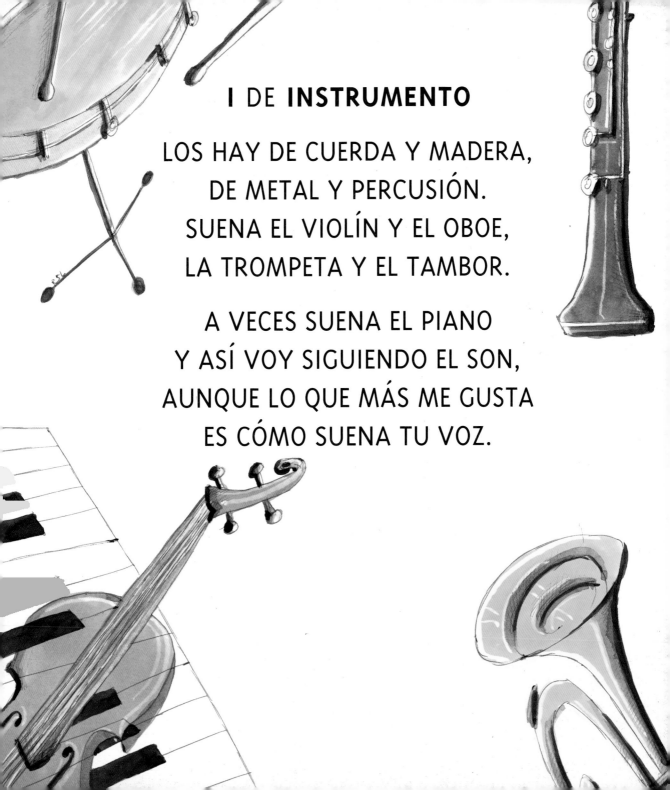

I DE **INSTRUMENTO**

LOS HAY DE CUERDA Y MADERA,
DE METAL Y PERCUSIÓN.
SUENA EL VIOLÍN Y EL OBOE,
LA TROMPETA Y EL TAMBOR.

A VECES SUENA EL PIANO
Y ASÍ VOY SIGUIENDO EL SON,
AUNQUE LO QUE MÁS ME GUSTA
ES CÓMO SUENA TU VOZ.

J DE **JAZZ**

EN EL JAZZ HAY MIL SONIDOS
Y MUCHA REPETICIÓN,
MUCHOS COMPASES Y RITMOS
Y MUCHA IMPROVISACIÓN.

IMPROVISA LA TROMPETA,
LA GUITARRA Y EL TROMBÓN,
Y EL CONTRABAJO IMPROVISA
MIENTRAS SUENA EL SAXOFÓN.

K DE **K525** "PEQUEÑA SERENATA NOCTURNA"

CUALQUIER OBRA DE AMADEUS
TIENE UN NOMBRE Y AL FINAL
SE DESIGNA POR UN NÚMERO
PRECEDIDO POR LA K.
SI TUVIERA CON PALABRAS
QUE DECIR LA MELODÍA
DE ÉSTA QUE AQUÍ TE PRESENTO,
CREO QUE SÍ, QUE DIRÍA:
GRACIA, JUEGO, TORBELLINO,
CANCIÓN, BELLEZA, ARMONÍA,
RITMO, COMPÁS, MARAVILLA,
Y SOBRE TODO, ALEGRÍA.

L DE **LIBRETO**

EL LIBRETO ES UN LIBRITO
ESCRITO POR ESCRITORES
PARA SER REPRESENTADO
POR SOPRANOS Y TENORES.

M DE **MOZART**

ERA ALEGRE Y DIVERTIDO,
ÁGIL, SENSIBLE, JOVIAL,
VIRTUOSO, INTELIGENTE…
DIGNO POR SÍ DE ADMIRAR.

ERA UN PRODIGIO EN SU ARTE
QUE NO HAN PODIDO IGUALAR
Y QUE AHORA CELEBRAMOS
ESCUCHÁNDOLO SIN MÁS.

MOZART, TU MÚSICA AMIGA
QUE SIEMPRE HABRÁS DE LLEVAR.

N DE **NOTA**

CADA NOTA TIENE UN NOMBRE,
YO TE LAS VOY A DECIR.
SON MUY FÁCILES, ESCUCHA:
DO, RE, MI, FA, SOL, LA, SI.

ESTA MAÑANA UN CANARIO,
UN MIRLO Y UN RUISEÑOR
ME HAN DESPERTADO CANTANDO:
SI, LA, SOL, FA, MI, RE, DO.

O DE **ÓPERA**

NACIÓ EN ITALIA HACE TIEMPO
ESTA FORMA DE TEATRO
DONDE LOS ACTORES CANTAN
Y UNA ORQUESTA ESTÁ TOCANDO.

SE OYE UNA VOZ MUY AGUDA,
LA SOPRANO ESTÁ CANTANDO.
EL BARÍTONO RESPONDE
PERO EN UN TONO MÁS BAJO.

EL PÚBLICO YA ESTÁ APLAUDIENDO,
LA ÓPERA YA HA TERMINADO.
MOZART COMPUSO UNA DE ELLAS
CON TAN SÓLO DOCE AÑOS.

P DE **PIANO**

DEL PIANO ESTÁN SALIENDO
ALEGRES Y ALBOROTADAS,
NOTAS BLANCAS, NOTAS NEGRAS
QUE LEO EN EL PENTAGRAMA.

UN SONIDO, UN MARTILLEO...
INTERPRETO UNA SONATA.
MIS DEDOS CORREN Y VUELAN
POR TECLAS NEGRAS Y BLANCAS.

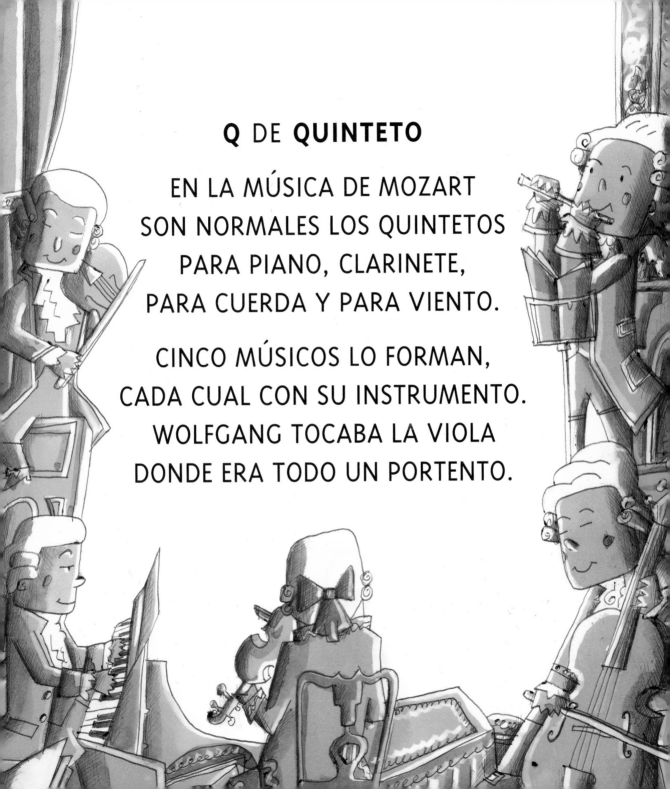

Q DE **QUINTETO**

EN LA MÚSICA DE MOZART
SON NORMALES LOS QUINTETOS
PARA PIANO, CLARINETE,
PARA CUERDA Y PARA VIENTO.

CINCO MÚSICOS LO FORMAN,
CADA CUAL CON SU INSTRUMENTO.
WOLFGANG TOCABA LA VIOLA
DONDE ERA TODO UN PORTENTO.

R DE **RITMO**

HAY RITMO EN ESTE CONCIERTO
Y EN EL TRINO DEL GORRIÓN.
CUANDO SALTO Y CUANDO CORRO
HAY RITMO EN MI CORAZÓN.

CÓMO VA SILBANDO EL VIENTO
CUANDO CANTA SU CANCIÓN.
CÓMO CANTAN LAS CIGARRAS
CON SU RITMO MACHACÓN.

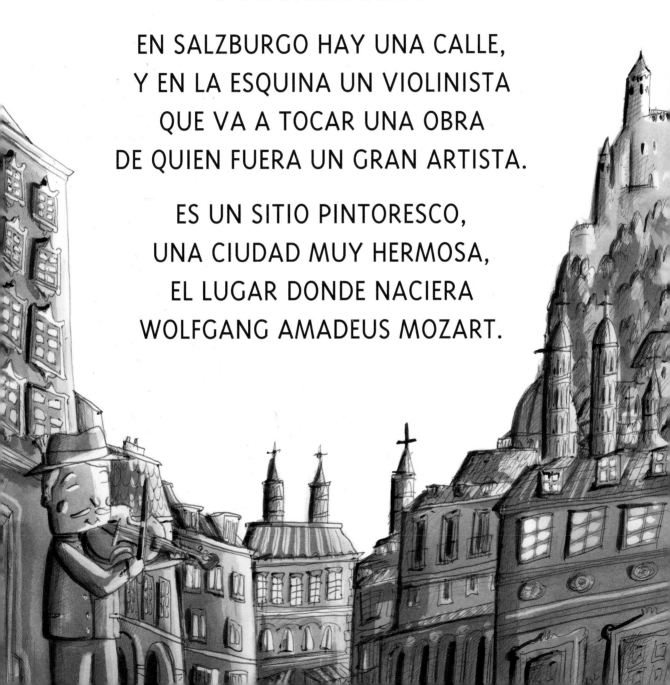

S DE **SALZBURGO**

EN SALZBURGO HAY UNA CALLE,
Y EN LA ESQUINA UN VIOLINISTA
QUE VA A TOCAR UNA OBRA
DE QUIEN FUERA UN GRAN ARTISTA.

ES UN SITIO PINTORESCO,
UNA CIUDAD MUY HERMOSA,
EL LUGAR DONDE NACIERA
WOLFGANG AMADEUS MOZART.

T DE **TENOR**

LA ORQUESTA LLENA LA SALA
DE FUSAS Y SEMIFUSAS,
Y EL TENOR DA EL DO DE PECHO
CON UNA VOZ MUY AGUDA.

VIBRAN SUS CUERDAS VOCALES,
TODO VIBRA CON SU MÚSICA.
ÉL ME EMOCIONA Y SU CANTO
ME PONE EL VELLO DE PUNTA.

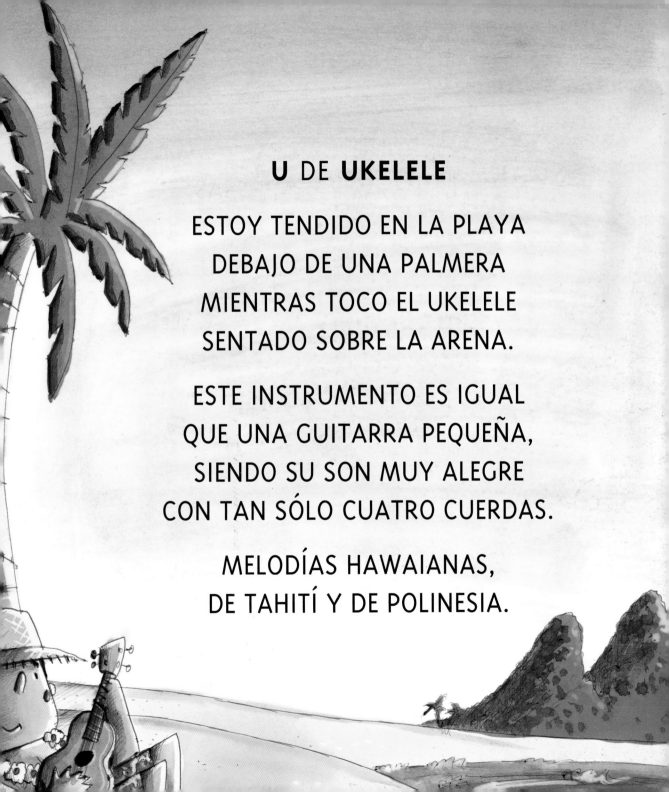

U DE **UKELELE**

ESTOY TENDIDO EN LA PLAYA
DEBAJO DE UNA PALMERA
MIENTRAS TOCO EL UKELELE
SENTADO SOBRE LA ARENA.

ESTE INSTRUMENTO ES IGUAL
QUE UNA GUITARRA PEQUEÑA,
SIENDO SU SON MUY ALEGRE
CON TAN SÓLO CUATRO CUERDAS.

MELODÍAS HAWAIANAS,
DE TAHITÍ Y DE POLINESIA.

V DE **VIOLÍN**

UN ARCO FROTA LAS CUERDAS
DE ESTE PEQUEÑO INSTRUMENTO
QUE ES MUY IMPORTANTE EN LA ORQUESTA
CUANDO DAN ALGÚN CONCIERTO.

UN NIÑO CON SIETE AÑOS
LO TOCÓ COMO UN MAESTRO.
EL VIOLÍN ES UNA CAJA
CON LOS SONIDOS MÁS BELLOS.

W DE **WOLFGANG**

POR TODA EUROPA LLEVÓ
SU MÚSICA Y SU TALENTO,
SIENDO ADMIRADO POR REYES,
POR NOBLES Y POR EL PUEBLO.

CON GRAN IMAGINACIÓN,
SIMPÁTICO Y DESENVUELTO,
WOLFGANG COMPUSO SUS OBRAS
QUE HAN PERDURADO EN EL TIEMPO.

X DE **XILÓFONO**

A LA FIESTA ME HE LLEVADO
LOS PLATILLOS Y EL XILÓFONO.
LLÉVATE TÚ LAS MARACAS,
EL TRIÁNGULO Y LOS BONGOS.

CANTAREMOS, BAILAREMOS
CON RITMOS DE PERCUSIÓN
MIENTRAS GOLPEO LAS TABLAS
CON MIS PALILLOS: DIN-DON.

Y DE **HAYDN**

FUE TAMBIÉN COMPOSITOR,
GRAN AMIGO DE AMADEUS
QUE, CON GRAN ADMIRACIÓN,
LE DEDICÓ SEIS CUARTETOS.

Z DE ZUMBIDO

EL VUELO DE UN MOSCARDÓN
SE HA ADENTRADO EN MIS OÍDOS,
Y EN MI CABEZA DA VUELTAS
LA OBERTURA DEL ZUMBIDO.

SÓLO HAY UNA NOTA Y UN TONO,
SIEMPRE ES EL MISMO SONIDO.
NO HAY RITMO NI HAY MELODÍA.
ESTO NO ES MÚSICA, ES RUIDO.